DON
BOSCO

Hubert Klingenberger

Die 50 besten Spiele für Seminare und Fortbildungen

DON BOSCO

MiniSpielothek

**Gerne nehmen wir Ihre Anregungen,
Wünsche, Kritik oder Fragen entgegen:**
Don Bosco Medien GmbH, Sieboldstraße 11, D-81669 München
anregungen@donbosco-medien.de
Servicetelefon: +49(0)89 48008-341

Bibliografische Information der Deutschen Nationalbibliothek

Die Deutsche Nationalbibliothek verzeichnet diese Publikation in der Deutschen Nationalbibliografie; detaillierte bibliografische Daten sind im Internet über http://dnb.d-nb.de abrufbar.

6. Auflage 2025 / ISBN 978-3-7698-2159-8

produktinformation@donbosco-medien.de
www.donbosco-medien.de

Umschlag: Manfred Lehner, Blue Cat Design
Layout: Alexandra Paulus
Satz: Don Bosco Medien GmbH, München
Druck: Don Bosco Druck & Design, Ursensollen

Gedruckt auf umweltfreundlichem Papier

Inhalt

Nirgends hat der Mensch mehr Scharfsinn an den Tag gelegt als in seinen Spielen.

Leibniz

Anfangen und Kennenlernen

Kennenlernen mit Geste

Die Teilnehmer stellen sich rundum vor: Name, Herkunftsort, Beruf usw.
Zusätzlich machen sie eine Geste, in der sie entweder ihre Befindlichkeit verdeutlichen oder ihren persönlichen Bezug zum Seminarthema. Die Geste wird verbal erläutert.

Variation

Der Rest der Gruppe wiederholt jeweils Name und Geste der sich vorstellenden Person.

Namens-Kreuzwort

Die Teilnehmer schreiben ihren Vornamen senkrecht auf ein großes Blatt Papier.
Quer zu den Buchstaben ihres Vornamens notieren Sie danach persönliche Eigenschaften, mit denen sie sich in der Runde vorstellen wollen, oder Assoziationen zum Seminarthema. Die ergänzten Begriffe können mit Symbolen ergänzt werden. Nach zehnminütiger Einzelarbeit gibt es eine Vorstellungsrunde in der Gesamtgruppe.

Material

große Papierbögen (mindestens DIN A3), Wachsmalstifte oder dicke Filzschreiber

Spekulieren

Jeweils zwei Teilnehmer, die sich nicht kennen, setzen sich gegenüber.
Der erste Teilnehmer phantasiert ca. fünf Minuten lang über die ihr gegenüber sitzende Person, z.B. über Beruf, Hobbys, Familienstand, Alter, Persönlichkeitseigenschaften oder auch über den Vornamen. Die zweite Person hört sich die Phantasien ohne eine Reaktion zu zeigen an.
Nach ca. fünf Minuten werden die Rollen gewechselt.
Danach tauschen sich die beiden Personen darüber aus, welche Phantasien richtig, „nah dran“ oder falsch waren.
Anschließend gibt es eine Vorstellungsrunde in der Großgruppe.

Mit einer Farbe

Jeder Teilnehmer erhält eine Ölkreide. Jeder sollte möglichst einen Stift in einer anderen Farbe bekommen.
Der Gruppe wird eine „Zeichenaufgabe“ gestellt, z.B. in einem Kommunikationsseminar: „Wie beschreiben Sie Ihr Konfliktverhalten? Stellen Sie dies in einem Tiersymbol dar!“
Es sollen jeweils farbige Bilder erstellt werden. Da jeder Teilnehmer nur eine Farbe besitzt, muss er andere Teilnehmer bitten, die jeweils andersfarbigen Details zu malen. (Jeder darf nur mit seinem Stift malen.)
Anschließend (nach ca. 15 Minuten) gibt es eine Vorstellungsrunde in der Großgruppe.

Material

Ölkreiden in möglichst vielen Farben

Gruppenspeicher

Jedes Gruppenmitglied erhält fünf Moderationskarten und einen Filzschreiber. Auf die Kärtchen soll Folgendes notiert werden:

- (Vor-)Name
- Beruf / Position / Aufgabengebiet
- die Vertrautheit mit dem Thema des Seminars / Workshops auf einer Skala von 1 bis 10
- die bildhafte Darstellung des eigenen Verhaltens (z.B. in einem Konfliktseminar des eigenen Konfliktverhaltens) mit einem Tiersymbol
- ein persönliches Anliegen, das im Seminar / Workshop berücksichtigt werden soll.

Jeder Teilnehmer tritt vor die Gruppe, pinnt die Kärtchen an die Wand und stellt sich vor.

Material

Pinnwand, Kärtchen, Nadeln, Filzschreiber

Außerirdisch

Die Teilnehmer stellen sich vor, sie seien Mitwirkende einer Konferenz Außerirdischer:

- Ihr Name: der jeweilige Vorname – rückwärts gelesen.
- Ihr Herkunftsplanet: der jeweilige Nachname – rückwärts gelesen.

Zudem beantwortet jeder Außerirdische folgende Fragen:

- Was ist das Schöne an meinem Planeten?
- Was ist auf meinem Heimatplaneten verboten?

Nach ca. fünfminütiger Einzelarbeit stellen sich die Teilnehmer in der Gesamtgruppe vor.

Material

Flipchart zum Visualisieren der Impulse / Fragen

Kompetenzrunde

Oft formuliert man am Anfang eines Seminars, was man mit Blick auf das Thema nicht kann. In der Kompetenzrunde ist es umgekehrt:
Die Teilnehmer stellen sich vor und beschreiben jeweils so konkret wie möglich, was sie in Bezug auf das Seminar-/ Workshop-Thema schon gut können (z.B. im Streit Gefühle zeigen – in einem Konfliktseminar).

Fragen zum Thema

Bevor es einen inhaltlichen Impuls gibt, notieren die Teilnehmenden auf einem Moderationskärtchen fünf Minuten lang persönliche Fragen zum Thema. Dies hilft ihnen, besser zuhören und die Aufmerksamkeit bündeln zu können.

Variation

Die notierten Fragen können nach dem inhaltlichen Impuls wieder angeschaut und als Grundlage für Nachfragen oder Impuls für eine Diskussion verwendet werden.

Material

Moderationskarten, Stifte

Lernbingo

Jeder Teilnehmende erhält ein Spielblatt: Auf diesem sind in 6 mal 6 Felder Aussagen zum Seminar-/ Workshop-Thema geschrieben.
Jeder Teilnehmer sucht nun andere Teilnehmende, die den jeweiligen Aussagen zustimmen. Stimmt eine Person zu, wird das jeweilige Feld angekreuzt. Nach jeder Aussage wird ein neuer Gesprächspartner gesucht.
Wer zuerst sechs angekreuzte Felder senkrecht, waagrecht oder diagonal auf seinem Spielblatt hat, ruft laut „Bingo!“ und erhält einen kleinen Preis.

Material

kleines Präsent, Spielblätter

Flunkerei

Zum Seminar-/ Workshop-Thema werden drei Aussagen an das Flipchart geschrieben, z.B. im Zeitmanagement-Seminar:

- Unangenehme Dinge erledige ich ...
- Mein Schreibtisch ist ...
- Zu einem vereinbarten Termin komme ich meistens ...

Jeder Teilnehmer ergänzt diese Aussagen in der Vorstellungsrunde – zweimal wahrheitsgemäß; bei einer Aussage muss geflunkert werden.
Jeder stellt sich auf diese Weise vor und die Gruppe errät, welche der drei Aussagen nicht wahrheitsgemäß ergänzt wurde.

Material

Flipchart

Wissensaneignung vorbereiten, durchführen und sichern

Stummer Einstieg

Wenn Teilnehmer zu einem Semianr oder Workshop kommen, brauchen sie oft Zeit, um anzukommen. Der Stumme Einstieg erleichtert das Ankommen und Einfinden.
Zum Einstieg in das Thema werden passende Fotos, Zitate, Karikaturen, Grafiken jeweils ca. 15 Sekunden lang präsentiert. Dazu läuft ruhige Musik.

Material

Laptop, Beamer, CD-Player

Stationenlernen

Das Seminar-/ Workshop-Thema wird an verschiedenen Lernstationen auf unterschiedliche Art und Weise bearbeitet. Kleingruppen (maximal vier Personen) wandern nach einer bestimmten Zeitvorgabe von Station zu Station.

Mögliche Stationen

- Prüf-Station: Dort werden Aussagen zum Thema ausgelegt, die die Teilnehmenden überprüfen sollen: Kann ich ihnen zustimmen? Sind sie wahr?
- Fall-Stationen: Dort werden Fälle präsentiert, die die Teilnehmenden bearbeiten sollen.
- Intensiv-Station: Die Teilnehmenden stellen eine vorgegebene Situation körpersprachlich dar. Das Ergebnis wird fotografiert.
- Aktiv-Station: Die Teilnehmer setzen eine Vorgabe grafisch um.
- Bastel-Station: Ein zuvor in seine Wortteile zerschnittenes Zitat soll zusammengefügt werden.

- Szenario-Station: In Hinblick auf einen vorgegebenen Fall diskutieren die Mitwirkenden, wie der Fall enden könnte.
- Sozial-Station: Die Teilnehmer erholen sich bei Saft und Obst.

Material

Pinnwände, Tische, Moderationsmaterial, Kamera, Getränke, Obst

Doppelte ABC-Liste

Die Teilnehmer erhalten ein Arbeitsblatt, auf dem in zwei Spalten jeweils das Alphabet abgedruckt ist.

- Sie werden vor der Wissensvermittlung aufgefordert, fünf Minuten lang in der linken Spalte Assoziationen zum Thema des Seminars / Workshops mit dem jeweiligen Anfangsbuchstaben aufzuschreiben. Dabei muss nicht zu jedem Buchstaben etwas gefunden werden; Mehrfachnennungen pro Buchstabe sind möglich.
- Dann folgt die Wissensvermittlung.
- Nach der Wissensvermittlung falten die Teilnehmenden das Blatt so, dass sie die ausgefüllte Spalte nicht sehen können. Sie füllen die rechte Spalte nun erneut mit ihren Assoziationen zum Thema.
- Die beiden Listen werden verglichen: Was hat sich verändert?

Material

ABC-Listen

Ihr Kommentar bitte!

Wichtige Aussagen zum Seminarthema werden jeweils auf ein Kärtchen geschrieben. Die Kärtchen werden in der Mitte ausgelegt.
Die Teilnehmer suchen sich eine Karte aus und kommentieren bzw. erläutern die darauf stehende Aussage.

Variation

Die Kärtchen werden vor Seminarbeginn unter die Stühle der Teilnehmer geklebt. In der entsprechenden Seminarsituation werden sie aufgefordert, unter die Stühle zu greifen und die Aussagen auf den Kärtchen zu kommentieren.

Material

Kärtchen, Klebeband

Themenzeitung

Nach einem Impulsvortrag fassen die Teilnehmenden in Gruppen die gehörten Inhalte dadurch zusammen, dass sie die Titelseite einer Tageszeitung zum Seminarthema erstellen (ca. 30 Minuten lang). Bestandteile einer solchen Titelseite können sein:

- Schlagzeile
- Bild bzw. Grafik
- Leitartikel
- kleinere Artikel
- Wetterbericht
- Werbung

Material

Flipchart-Papier, Filz- und Farbstifte

Lückentexte

Die Teilnehmenden erhalten zum Thema des Seminars/ Workshops eine Liste von zehn bis zwanzig Zitaten berühmter Persönlichkeiten (diese findet man auf Internetseiten über Aphorismen und Zitate). Aus diesen Sätzen wird jeweils ein Wort ausgelassen und die Teilnehmer sollen den Satz aus ihrer Sicht sinngemäß ergänzen.

Material

Liste mit Zitaten

Lernstationen

Zu verschiedenen Unterthemen des Seminarthemas werden Lernstationen eingerichtet. Dort liegt zum jeweiligen Unterthema Informationsmaterial aus (Bücher, Texte, Grafiken, ggf. auch ein Laptop zur eigenständigen Internetrecherche).
Die Großgruppe wird in Arbeitsgruppen unterteilt, die sich jeweils eines Unterthemas annehmen (ca. dreißig Minuten lang). Diese Arbeitsgruppen bearbeiten die Informationsmaterialien und fassen das Ergebnis auf einem Flipchart zusammen.
Anschließend werden alle Ergebnisse in der Großgruppe präsentiert.

Material

Informationsmaterial, Flipchart-Papier, Filzschreiber, Pinnwände, Nadeln

Bildanalogie

Wenn (Konflikt-)Themen und Sachverhalte in der Gruppe miteinander geklärt werden, dann besteht oft die Gefahr, in bereits vorhandenen Gedankenmustern stecken zu bleiben.

Ein Flipchart-Bogen wird im Querformat benutzt. In die linke Hälfte wird das (Konflikt-)Thema geschrieben. In die rechte Hälfte wird ein Foto geklebt, das möglichst vielen Deutungen einen Raum bietet.

Die Gruppe diskutiert nun folgende Fragen:

- Was hat das Bild mit unserem Thema zu tun?
- Welche Zusammenhänge oder Verbindungen finden Sie zwischen dem Bild und unserem Thema?
- Aus welchen dieser Zusammenhänge lassen sich Anregungen für Handlungsimpulse oder Lösungen ableiten?

Die Antworten werden in die linke Hälfte des Flipchart-Bogens geschrieben.

Material

Flipchart, Filzschreiber, Foto, Klebestift

Ergebniskarten

In der Mitte des Raumes werden Bild- oder Spruchkarten ausgelegt (ungefähr doppelt so viele wie Teilnehmer, am besten zwei von jedem Motiv).
Die Teilnehmer suchen sich – passend zu einem Impuls, den sie aus dem Workshop mitnehmen – eine Karte aus (die sie dann auch mit nach Hause nehmen dürfen).
Karte und Transferimpuls werden in der Gruppe vorgestellt.

Material

Post-/ Spruchkarten

Transferwichteln

Die Teilnehmer notieren am Ende des Seminars auf ein Kärtchen

- was sie sich konkret nach dem Seminar vornehmen
- bis wann sie diese Veränderung umgesetzt haben wollen
- ihren Namen
- und ihre Telefonnummer.

Die Kärtchen werden einmal gefaltet, so dass nicht zu sehen ist, wer sie geschrieben hat, in ein kleines Körbchen gelegt und gemischt.

Jeder zieht nun ein Kärtchen (und kontrolliert gleich, dass er nicht das eigene Kärtchen gezogen hat).

Es wird miteinander vereinbart, dass jeder die Person, deren Kärtchen man gezogen hat, zum genannten Zeitpunkt anruft.

Material

Kärtchen, Körbchen

Motivieren und Konzentrieren

Zählen mit allen Vieren

Die Gruppenmitglieder verteilen sich stehend im Raum, so dass sie sich gut bewegen können, ohne die Nachbarn zu beeinträchtigen.
Gemeinsam zählt die Gruppe rückwärts von 7 auf 1 und schleudert dazu jeweils den rechten Arm in die Luft: Dann wieder rückwärts von 7 auf 1 zählen und den linken Arm rhythmisch nach oben werfen. Wieder von 7 rückwärts zählen und den rechten Fuß dazu locker kicken, danach den linken Fuß.
Die Reihenfolge wiederholt sich – nun wird von 6 auf 1 rückwärts gezählt ...
Dann von 5 rückwärts usw. – bis am Schluss jeder Arm und jedes Bein je einmal ausgeschüttelt wird.

Arm-Kombi

Die Gruppenmitglieder stehen so weit voneinander entfernt, dass sie sich in den Bewegungen nicht stören können. Sie werden zu folgender Koordinationsübung eingeladen:

Es wird bis 6 gezählt:

- Bei 1 wird der linke Arm nach oben gestreckt.
- Bei 2 wird er seitlich ausgestreckt.
- Bei 3 zeigt der linke Arm zum Boden.
- Bei 4 wieder nach oben.
- Bei 5 wieder seitlich.
- Bei 6 wieder nach unten.

Nun kommt der rechte Arm dazu:

- Er wird bei 1 nach oben gestreckt.
- Bei 2 nach unten.
- Bei 3 nach oben.
- Bei 4 nach unten.
- Bei 5 nach oben.
- Bei 6 nach unten.

Die Gruppenmitglieder üben mehrere Minuten lang die Bewegungen ein.

Klammeraffen

Jeder Teilnehmer bekommt drei Wäscheklammern an die Kleidung geheftet.
Nun geht es darum, innerhalb von drei Minuten möglichst viele Klammern bei den anderen zu entwenden. Wer die meisten Klammern erbeutet hat, wird zum „Klammeraffen“ ernannt.

Variation

Wieder bekommt jeder Teilnehmer drei Klammern angeheftet. Nun geht es darum, in drei Minuten die eigenen Klammern loszuwerden und möglichst wenig fremde Klammern „abzubekommen“.

Material

pro Teilnehmer drei Wäscheklammern

Aktion 20

Zur Auflockerung bekommen die Mitwirkenden zwanzig Aufgaben präsentiert, die sie in zehn Minuten erledigen sollen, z.B.:

- Grüßen Sie Ihre Nachbarn!
- Sagen Sie jemandem, dass Sie sich freuen, ihn zu sehen!
- Begrüßen Sie jemanden, mit dem Sie bisher wenig gesprochen haben!
- Erzählen Sie jemandem, was Sie heute beim Aufwachen gedacht haben!
- Strecken und recken Sie sich!
- Lächeln Sie jemandem zu!
- Erzählen Sie jemandem, wie sich Ihr heutiges Mittagessen von Ihrem Alltagsmittagessen unterschieden hat!
- Erzählen Sie jemandem, was Sie sich vom folgenden Vortrag erwarten!
- Zupfen Sie jemanden am Ohr!
- Erzählen Sie jemandem, welches Buch Sie gerade lesen!

Die letzten zwei Anweisungen lauten:

- Setzen Sie sich bequem auf Ihren Stuhl!
- Weiter geht's!

Material

Aufgaben auf Flipchart, Pinnwand o.ä.

24

Augen-Blicke

Diese Spiel ist gut am Morgen oder nach Pausen durchzuführen.

Die Teilnehmer stehen im Kreis. Sie werden dazu eingeladen, mit einem anderen Teilnehmer Blickkontakt aufzunehmen und die Plätze im Kreis zu tauschen – ohne den Blickkontakt von einander zu lösen. Dies soll möglichst schweigend (ca. fünf Minuten lang) geschehen.

Satzpuzzle

Die einzelnen Worte eines Zitats oder Aphorismus zum Seminarthema werden auf Moderationskärtchen geschrieben.
Die Karten werden in der Mitte des Raums ausgelegt und die Teilnehmer werden aufgefordert, daraus einen sinnvollen Satz zu bilden.

Material

Moderationskarten, Filzschreiber

26

Bimm – Bamm – Bumm

Die Teilnehmer stellen sich im Kreis auf.
Zunächst zählen sie reihum – mit der 1 beginnend. Jedes Mal, wenn eine Zahl kommt, die die Ziffer 5 beinhaltet (z.B. 15 oder 25) oder durch 5 teilbar ist (z.B. 10 oder 20), sagt die betreffende Person „Bimm".
Dann zählt die Gruppe wieder reihum – beginnend mit der 1. Die „5er-Regel" bleibt bestehen. Zusätzlich wird bei Zahlen, die die Ziffer 6 beinhalten (z.B. 16 oder 26) oder durch 6 teilbar sind (z.B. 18 oder 42), nicht die Zahl, sondern „Bamm" gesagt.
Wieder zählt die Gruppe reihum – mit der 1 beginnend. Die 5er- und die 6er-Regeln bleiben gültig. Kommt nun eine Zahl, die die Ziffer 7 beinhaltet (z.B. 17 oder 27) oder durch 7 teilbar ist (z.B. 21 oder 28), so sagt die entsprechende Person „Bumm".

Variation

Bei Zahlen, die durch 5 und 6 teilbar sind (z.B. 30), sagt die Person „Bimm Bamm". Gleiches gilt für Produkte aus 6 und 7 („Bamm Bumm") sowie 5 und 7 („Bimm Bumm").

Au ja!

Die Teilnehmer stehen im Kreis. Einer aus der Runde sagt: „Wir könnten doch mal ..." (z.B. auf einem Bein hüpfen, uns den Rücken klopfen usw.). Die Runde ruft laut „Au ja!" und setzt das vorgeschlagene Verhalten um – so lange, bis ein anderer Teilnehmer einen neuen Vorschlag macht, der auch wieder mit „Au ja!" begrüßt wird.

Nach zehn Minuten kann wieder weiter gearbeitet werden.

28

Die rote Couch

Die Gruppe sitzt im Halbkreis. Drei leere Stühle sind an der offenen Seite des Kreises aufgestellt.
Ein Gruppenmitglied setzt sich auf den mittleren Stuhl und sagt: „Ich bin die rote Couch – wer passt zu mir?“ Zwei weitere Personen platzieren sich jeweils links und rechts von ihr und assoziieren, wer gut zur „roten Couch“ passen könnte und sagen z.B. „Ich bin der Fernsehapparat“ oder „Ich bin der Mittagsschlaf“.
Die Person in der Mitte entscheidet sich nun, wer von den beiden anderen am besten zur ihr passt und nimmt diese Person (z.B. den Fernsehapparat) mit in den Halbkreis.
Das Gruppenmitglied, das auf den drei Stühlen übrig geblieben ist, setzt sich nun in die Mitte und sagt: „Ich bin der Mittagsschlaf – wer passt zu mir?“ Wieder setzen sich zwei Personen mit ihren Assoziationen dazu usw.

Variation

Die Gruppe steht im Kreis. Die erste Person stellt sich in die Mitte, sagt „Ich bin die rote Couch – wer passt zu mir?“ und stellt die rote Couch körpersprachlich dar (auf allen vieren). Weiter geht's wie oben geschildert – hinzu kommt, dass die jeweils genannten Gegenstände, Tätigkeiten oder Personen körpersprachlich dargestellt werden.

29

Fotoshooting

Die Teilnehmer bilden Paare: Einer ist der Fotoapparat, der andere ist der Fotograf.
Der „Fotoapparat“ schließt die Augen und wird nun vom „Fotografen“ durch den Seminarraum oder durchs Haus geführt. Dabei sucht der „Fotograf“ nach interessanten Motiven, stellt den „Fotoapparat“ davor, richtet ihn gegebenenfalls aus und legt dann die Hand auf den Kopf des „Fotoapparats“. Dieser öffnet solange die Augen, bis die Hand wieder vom Kopf genommen wird. Weiter geht's auf Motivsuche.
Nach fünf Minuten werden die Rollen gewechselt.

Diskutieren und Entscheiden

Vier Möglichkeiten

Die Teilnehmenden erhalten ein Arbeitsblatt:

- In der Mitte des Arbeitsblatts wird ein Fall beschrieben.
- In Feldern, die um die Fallbeschreibung gruppiert sind, werden vier mögliche Umgangsweisen mit diesem Fall beschrieben.

Die Mitwirkenden werden aufgefordert, ca. 15 Minuten lang zu diskutieren bzw. zu entscheiden, welche der beschriebenen Lösungen sie bevorzugen würden.

Material

Arbeitsblatt mit Fallbeschreibung und Lösungsmöglichkeiten

Auswählen und Gewichten

Zu einem vorgegebenen Thema (z.B. Welche Eigenschaften braucht eine Führungskraft?) werden zwanzig mögliche Antworten – jeweils auf eine Moderationskarte geschrieben – vorgelegt.
Die Teilnehmer gewichten in Kleingruppen, welche dieser Antworten aus ihrer Sicht am wichtigsten sind. Und dies in zwei Schritten:

- Zunächst werden zehn Karten aussortiert, deren Antworten als weniger bedeutsam eingestuft werden.
- Die übrig gebliebenen Karten werden nun in eine Rangfolge der Bedeutsamkeit gebracht.

Anschließend werden die Ergebnisse in der Großgruppe präsentiert und miteinander verglichen.

Material

Moderationskarten, Filzschreiber, Pinnwände, Nadeln

Abstimmung mit den Füßen

Zum Seminarthema werden vom Dozenten verschiedene Thesen formuliert. Es wird vereinbart, dass eine Wand des Raumes die „Ja-Seite“, die gegenüberliegende die „Nein-Seite“ ist.
Die Thesen werden nacheinander vorgelesen. Die Teilnehmer stellen sich jeweils im Raum so auf, wie sie der jeweiligen Aussage zustimmend bzw. ablehnend gegenüberstehen.
Die Seminarleitung interviewt jeweils an den Extrempositionen stehende Personen bezüglich ihrer Argumente, warum sie sich so entschieden haben.

Punktabfrage

Kernaussagen zum Thema des Seminars bzw. Workshops werden auf eine Pinnwand geschrieben.
Hinter jeder Kernaussage besteht die Möglichkeit, mit Klebepunkten anzuzeigen, inwieweit man der jeweiligen These zustimmt, geteilter Meinung ist oder sie ablehnt.
Das Ergebnis der Punktabfrage wird in der Gruppe diskutiert.

Material

Pinnwand, Filzschreiber, Klebepunkte

Ganz nah dran

Auf diese Weise kann man unterschiedliche Meinungen und Zustimmungsgrade zu einem Thema oder einer These herausbekommen.
Die Gruppe sitzt im Kreis. In die Mitte wird ein Gegenstand gelegt oder gestellt (Blumenstrauß, Ball ...).
Der Gruppenleiter stellt verschiedene pointierte Thesen zum Thema vor. Nach jeder These legen die Teilnehmer einen Gegenstand (z.B. Kugelschreiber) so nah bzw. entfernt zum Gegenstand in der Mitte, wie sie der jeweiligen These zustimmen bzw. diese ablehnen.
Unterschiedliche Grade der Zustimmung werden miteinander besprochen und begründet.

Material

Gegenstand für die Mitte (Blumenstrauß, Ball ...)

Meinungsaustausch

Zu einer vorgegebenen Frage notiert jeder Teilnehmer seine Antwort auf ein Moderationskärtchen.
Danach tauschen alle Teilnehmenden ihre Plätze – das Kärtchen bleibt aber am Platz liegen.
Jeder Teilnehmer liest nun das vor ihm liegende Kärtchen vor und äußert dazu seine persönliche Meinung.

Material

Moderationskarten, Stifte

Was uns eint und was uns trennt

In mehreren Kleingruppen wird das gleiche Thema bearbeitet. (z.B. Wie lässt sich unsere Teamleistung verbessern?) Die Ergebnisse werden auf Plakaten festgehalten.
Anschließend werden die Plakate auf einem Marktplatz ohne Kommentare präsentiert.
Die Gesamtgruppe wird in zwei Kleingruppen aufgeteilt:

- Die eine Kleingruppe sucht nach den Gemeinsamkeiten auf den aufgehängten Postern.
- Die zweite Kleingruppe sucht nach den Unterschieden.

Beide Gruppen notieren ihre Ergebnisse auf Flipcharts, die anschließend im Plenum präsentiert und diskutiert werden.

Material

Flipcharts, Filzschreiber, Plakate

Klebezettel-Kommentare

Eine gemeinsame Fragestellung wird in Einzelarbeit oder in 2er-/ 3er-Gruppen bearbeitet. Die Ergebnisse (auf einem Flipchart notiert) werden ohne Kommentierung auf einem Marktplatz präsentiert.
Jeder Mitwirkende erhält Klebezettel und schreibt auf diese Kommentare zu den jeweiligen Ergebnissen. Die Klebezettel werden auf die jeweiligen Plakate geklebt. Die Einzelpersonen bzw. 2er-/ 3er-Gruppen überarbeiten ihre Plakate anhand der darauf geklebten Rückmeldungen und präsentieren ihre Ergebnisse dann in der Großgruppe.

Material

Flipcharts, Filzschreiber, Pinnwände, Nadeln, Klebezettel

Ideometer

Zu einer Frage bzw. zu einem Problem werden von jedem Teilnehmer Ideen bzw. Lösungen auf jeweils einem Kärtchen notiert.
Auf einer Pinnwand wird ein großes Thermometer gezeichnet.
Jeder stellt seine Idee(n)/ Lösung(en) vor. In der Gruppe wird gemeinsam diskutiert, inwieweit es sich um eine „heiße“ Idee handelt, ob die Idee eher „lau“ ist oder sie einen völlig kalt lässt. Entsprechend werden die Kärtchen am Thermometer fixiert.

Material

Pinnwand, Moderationskarten, Nadeln, Filzschreiber

Risikoanalyse

Die Teilnehmer beschreiben ein Veränderungsvorhaben, das sie als Resultat des Seminars mit nach Hause nehmen. Sie notieren hierzu mögliche Risiken, die bei der Umsetzung eintreten können:

- Auf einer Skala von 1–5 schätzen die Teilnehmenden nun für jedes Risiko ein, wie wahrscheinlich dessen Eintreten ist (1 = unwahrscheinlich; 5 = sehr wahrscheinlich).
- Auf einer Skala von 1–5 schätzen sie weiterhin jeweils ein, wie erfolgsgefährdend das jeweilige Risiko ist (1 = unbedeutend; 5 = sehr gefährlich).
- Danach werden für jedes Risiko die beiden Zahlenwerte multipliziert.

Für die Risiken mit den höchsten Punktzahlen werden Maßnahmen erdacht, wie den Risiken vorgebeugt werden kann bzw. was zu tun ist, wenn das Risiko eintritt.

Material

Arbeitsblatt

Abschließen und Auswerten

Brief an sich selbst

Die Teilnehmer werden eingeladen, an sich selbst einen Brief zu schreiben, in dem sie sich an ein Vorhaben erinnern, welches sie sich nach dem Seminar/ Workshop vornehmen.
Der Brief wird in einen an sich selbst adressierten Briefumschlag gesteckt.
Der Seminarleiter schickt die Briefe den Teilnehmern nach ein bis drei Monaten zu.

Material

Papier, Briefumschläge

Vier Stühle

Vier leere Stühle stehen vor der Gruppe. Sie sind jeweils mit einem Schild versehen:

- Das hat mir gefallen ...
- Das hat mich gestört ...
- Das kann ich gebrauchen ...
- Das hat mir gefehlt ...

Die Mitwirkenden werden aufgefordert, sich auf die jeweiligen Stühle zu setzen und eine Rückmeldung zum Seminar / Workshop zu geben.

Material

Stühle, beschriftete Karten

Mein Energiepegel

Am Ende eines Seminars/ Workshops sind die Teilnehmenden teils erschöpft, teils angeregt, teils voller Energie. Dies sollen sie in einer Abschlussrunde zum Ausdruck bringen.
Die Teilnehmenden stehen im Kreis. Jeder signalisiert körpersprachlich mit seiner Hand, wie hoch der aktuelle Energiepegel ist, z.B. auf Knie- oder Brusthöhe.

Maritimes Feedback

Am Ende eines Seminars/ Workshops werden die Teilnehmer aufgefordert, auf ein großes Blatt Papier eine Insel – umgeben vom Meer – zu zeichnen:

Die Insel stellt den „festen Boden unter den Füßen" dar: die Erkenntnisse, die die jeweilige Person aus der Veranstaltung mitnimmt.

Das Watt / Schwemmland um die Insel herum steht für die Informationen und Gedanken, bei denen sich die Teilnehmer noch nicht sicher sind, inwieweit sie damit etwas in der Praxis anfangen können.

Das Meer steht für den „Ozean des Vergessens": Inhalte und Gedanken, die im Augenblick nicht brauchbar sind und versinken (dürfen).

Die Teilnehmer werden aufgefordert, das Blatt entsprechend den Vorgaben zu beschriften. Anschließend gibt es dazu einen Austausch in der Großgruppe.

Variation

Insel, Watt und Meer können auch auf eine große Pinnwand gezeichnet werden und die Teilnehmer heften Kärtchen mit Rückmeldungen in den jeweiligen Bereich.

Material

DIN-A3-Blätter, Ölkreiden, Filzschreiber

Daumen-Feedback

Das Daumen-Feedback kennt man von Internet-Plattformen: Dort kann man Nachrichten anderer „liken“. Die Teilnehmer geben eine Rückmeldung zum Seminar/ Workshop, indem sie mit dem Daumen nach oben oder unten zeigen (auch Zwischenpositionen sind möglich). Mündlich erläutern sie, wie sie zu dieser Einschätzung kommen.

Volltreffer

Auf ein Flipchart wird eine große Zielscheibe gemalt. Die Zielscheibe wird in vier Sektoren unterteilt, die folgendermaßen beschriftet werden:

- Inhalte
- Methoden
- Gruppe
- Leitung

Die Teilnehmenden erhalten jeweils vier Klebepunkte und werden gebeten, in jeden der vier Sektoren einen Punkt zu kleben – je näher dieser an der Mitte angebracht wird, umso zufriedener war man mit dem jeweiligen Faktor.

Material

Flipchart, Filzschreiber, Klebepunkte

Erzähl doch mal!

Am Ende eines Seminars werden die Teilnehmer aufgefordert, sich als Paare zusammenzusetzen:

- Der erste Gesprächsimpuls lautet: „Stell dir vor, du kommst nach diesem Seminar nach Hause und triffst Angehörige oder Freunde. Was erzählst du ihnen von diesem Seminar?“
- Die Gruppenmitglieder suchen sich einen neuen Gesprächspartner. Sie tauschen sich zu folgender Frage aus: „Stell dir vor, du triffst morgen einen Kollegen. Was berichtest du von diesem Seminar?“
- Wieder finden sich neue Paare zusammen: „Stell dir vor, du wirst von deinem Vorgesetzten gefragt: Welche Impulse haben Sie denn in Ihrem Seminar bekommen?“

Jede Gesprächsrunde dauert ca. fünf Minuten.

Jepp!

Zum Abschluss des Seminars/ Workshops zeichnet jeder Teilnehmer auf ein Blatt Papier einen „Jepp!“. Dieser besteht aus

- einem kartoffelähnlichen Leib
- zwei Armen und zwei Beinen
- Augen und Ohren
- einem Mund
- Fühlern
- Der „Jepp!“ soll entsprechend der eigenen Befindlichkeit dargestellt werden (z.B. geschlossene Augen = müde).

Anschließend stellt jeder in der Abschlussrunde seinen „Jepp!“ vor.

Material

Papier, Filzschreiber

Denkzettel

Jeder Teilnehmer erhält ein DIN-A4-Blatt Papier mit folgenden Fragen:

- Was war in diesem Seminar/ Workshop neu für mich?
- Was beschäftigt mich noch?
- Welche drei Impulse nehme ich konkret mit?
- Wen brauche ich, um sie umsetzen zu können?
- Wie kann ich diese Personen davon überzeugen, mich zu unterstützen?
- Welche Vorbereitungen muss ich zur Umsetzung meiner Impulse treffen?
- Mit welchem der drei Impulse fange ich an?

Jeder sucht sich einen Gesprächspartner. Die beiden begeben sich auf einen Spaziergang, bei dem sie sich über diese Fragen austauschen.

Variation

Die beiden Personen in einem Paar tauschen ihre Kontaktdaten aus und vereinbaren einen Termin, an dem sie sich gegenseitig über ihre Transfererfolge informieren.

Material

Blatt Papier mit Fragen

49

Einreiß-Fragebogen

Die Teilnehmer erhalten einen Fragebogen, auf dem Aussagen zum Seminarverlauf und -inhalt stehen.
Der Fragebogen ist so gestaltet, dass jeweils links und rechts von jeder Aussage das Blatt Papier leicht eingerissen werden kann. Links einreißen bedeutet Zustimmung, rechts einreißen bedeutet Ablehnung der jeweiligen Aussage.

Material

Fragebogen

Don Bosco MiniSpielothek
Klein, fein, alles drin

ISBN 978-3-7698-2572-5

ISBN 978-3-7698-2573-2

ISBN 978-3-7698-2569-5

ISBN 978-3-7698-2565-7

ISBN 978-3-7698-2558-9

ISBN 978-3-7698-2559-6

ISBN 978-3-7698-2556-5

ISBN 978-3-7698-2555-8

ISBN 978-3-7698-2546-6

ISBN 978-3-7698-2545-9

ISBN 978-3-7698-2540-4

ISBN 978-3-7698-2539-8

ISBN 978-3-7698-2521-3

ISBN 978-3-7698-2520-6

ISBN 978-3-7698-2510-7

ISBN 978-3-7698-2509-1

ISBN 978-3-7698-2503-9

ISBN 978-3-7698-2498-8

ISBN 978-3-7698-2497-1

ISBN 978-3-7698-2466-7

ISBN 978-3-7698-2465-0

ISBN 978-3-7698-2450-6

ISBN 978-3-7698-2449-0

ISBN 978-3-7698-2400-1

ISBN 978-3-7698-2398-1

ISBN 978-3-7698-2397-4

ISBN 978-3-7698-2573-2